LA VIE PRIVÉE DES HO

Collection dirigée par Pierre Miquel, professeur éme

L'AMÉRIQUE PRÉCOLOMBIENNE

Au temps des Mayas, des Aztèques et des Incas...

Textes originaux de Louis-René Nougier
adaptés par Yves Cohat

HACHETTE
Jeunesse

Directeur : Frédérique de Buron
Directeur éditorial : Emmanuelle Massonaud
Éditeur : Sandra Berthe
Directeur de collection : Pierre Miquel

Auteurs :
Textes originaux de Louis-René Nougier, adaptés par Yves Cohat
Les Cinq Mondes : Claude-Catherine et Gilles Ragache

Illustrations originales : Pierre Joubert
Conception graphique : François Lemaire

Nous remercions :
Jean-Pierre Leblan, Claudette Morris

L'apprentissage de l'histoire a longtemps été pour nos enfants une suite chronologique des aventures des grands hommes à laquelle il faut ajouter le récit des batailles. Le passé était largement héroïque. La mémoire des hommes, réduite à ces événements, n'exprimait qu'une succession de règnes et de régimes, de guerres et de révolutions.

Ainsi, à l'origine de cette collection « **La Vie privée des hommes** », un désir animait l'équipe créatrice : montrer comment l'histoire des populations dans leur vie intime et collective pouvait autrement susciter l'intérêt, voire la curiosité, et satisfaire l'imagination des enfants.

Savoir que les Romains aimaient les jeux du cirque, que les Égyptiens pratiquaient la chirurgie, que les Grecs avaient construit la cité nous semblait capital, plus stimulant peut-être, pour les jeunes têtes d'aujourd'hui, que les exploits exclusifs des grands de ce monde.

Retrouver un passé oublié, mutilé, redécouvrir le corps charnel du passé des hommes et des femmes est en soi un prodige dont nous ne prenons pas toujours la mesure. Imaginez un manchot recouvrant un bras ! Ce n'est pas moins miraculeux. Les plus spectaculaires progrès de l'humanité ne sont-ils pas d'ailleurs intervenus, au temps de la Renaissance, à l'occasion d'une recherche passionnée par les hommes du XVe siècle de l'héritage oublié de l'Antiquité ?

Citons là l'exemple de Pompéi. Des fouilles révèlent une ville antique formidablement conservée par l'effet tragique d'une éruption volcanique. En moins d'un siècle, l'Occident reconstitue la cité qu'il a sous les yeux, forte de son culte du progrès, de l'amour des sciences ou des arts, tournée vers les idoles du stade et l'idéal de démocratie.

Il en va de l'histoire comme du naturel ; chassez-la des mémoires, elle revient au galop !

Pierre Miquel.

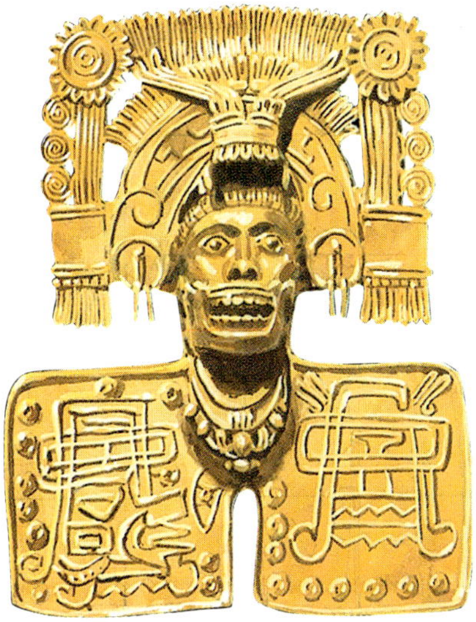

Les premiers Américains

L'histoire du peuplement de l'Amérique demeure en partie une énigme. Seule certitude, ce sont des bandes de chasseurs nomades, venues d'Asie, qui, par vagues successives, explorent le Nouveau Monde et colonisent cet immense continent jusqu'alors vide d'hommes.

Le peuplement de l'Amérique reste un sujet de controverses. Un seul fait est confirmé par les archéologues : les premiers Américains venaient d'Asie.

Il y a environ 30 000 ans, le refroidissement de la planète fait baisser le niveau des mers et provoque ainsi l'émergence de terres nouvelles. L'actuel détroit de Béring devient un pont naturel entre les continents asiatique et américain. Les animaux peuvent alors emprunter ce passage, bientôt suivis par les chasseurs qui les traquent. Armés de sagaies et de lances, ces hommes s'enfoncent alors dans un pays merveilleux où ils découvrent des bisons, des mammouths, des ours, des castors géants et même des chevaux qui disparaîtront inexplicablement un peu plus tard. Quelques hommes prennent la route de l'Est et s'établissent dans le Canada actuel et en Nouvelle-Angleterre. D'autres, sans doute à bord de pirogues, suivent les côtes occidentales et gagnent la Californie. Enfin, plusieurs poursuivent vers le Sud, longent l'**isthme** de Panama et colonisent tout le continent sud-américain : les hauts plateaux du Pérou, les forêts tropicales du Brésil et les plaines de l'Argentine et même les rivages de la Terre de Feu.

À la poursuite d'une troupe de mammouths qu'ils harcèlent depuis plusieurs jours, des chasseurs passent sans le savoir d'Asie en Amérique.

Certains groupes d'hommes atteignent l'inhospitalière Terre de Feu où, vivant nus, ils se nourrissent essentiellement de coquillages.

Dans la forêt tropicale, les chasseurs découvrent des animaux inconnus comme le jaguar dont les Olmèques, leurs descendants, feront un dieu.

Les chasseurs d'Amérique utilisent les mêmes techniques que celles qu'ils employaient en Asie. Seul le gibier change et même le guanaco des hauts plateaux de Patagonie n'échappe pas à leurs lances à pointe d'obsidienne.

Dans les îles Aléoutiennes, les chasseurs se font marins et n'hésitent pas à naviguer d'île en île à bord de pirogues en peaux cousues.

Chasseurs et pêcheurs

Les peuples vagabonds qui colonisent l'Amérique doivent, pour survivre, s'adapter aux conditions de leur nouveau milieu. Aussi, selon les régions où ils s'établissent et selon les ressources naturelles disponibles, ils se font chasseurs ou pêcheurs.

Sur le nouveau continent, les hommes apprennent à vivre en symbiose avec la nature. Dans les grandes plaines des États-Unis, le bison est intimement lié à la vie des Indiens. Sa chair constitue la base de l'alimentation carnée ; ses boyaux, une fois séchés, servent à tendre les arcs ; ses cornes sont utilisées comme des récipients et ses os, une fois façonnés et polis, font de magnifiques poinçons et outils de toutes sortes ; sa peau couvre le **tipi** et sert à confectionner tuniques et couvertures ; sa graisse, en brûlant dans des lampes, permet de s'éclairer ; ses excréments même, une fois secs, assurent le chauffage. Dans les terres plus froides du Nord, d'autres groupes vivent de la chasse au grand cerf, le wapiti, ou au renne, le caribou. Ailleurs, dans les régions polaires, le long du Pacifique ou à l'extrême Sud, les hommes tirent de la mer l'essentiel de leur subsistance. En Arctique, les Inuits, arrivés en Amérique, vers 3000 av. J.-C., développent une civilisation entièrement dépendante du phoque ; les Indiens du Nord-Ouest poursuivent les baleines ou capturent les saumons au cours de leurs migrations. Enfin, aux confins du monde, à l'extrémité méridionale de l'Amérique du Sud, quelques peuplades survivent en harponnant otaries et loutres de mer et en ramassant à marée basse algues, mollusques et coquillages.

Au cœur de la forêt amazonienne, les chasseurs utilisent la sarbacane : un bambou long de plus de 3 m, avec lequel ils projettent, en soufflant, des fléchettes dont la pointe est enduite d'un poison violent.

Dans les forêts du Nord de l'Amérique, les Indiens se camouflent sous une peau de cerf pour s'approcher de leur proie et lui décocher une volée de flèches.

Chez les Indiens du Missouri, dans les grandes plaines de l'Ouest, pendant qu'une femme racle la peau d'un bison, un chasseur peint ses exploits sur une autre tendue sur un cadre.

Pour naviguer sur les grands fleuves de la forêt amazonienne, les Indiens construisent des radeaux avec du balsa, un bois léger comme du liège.

« Fabriquer » de la terre

Les paysans usent de toute leur ingéniosité pour tirer le meilleur profit des sols qu'ils exploitent. Ils utilisent le feu pour libérer et ensemencer un terrain envahi par la forêt et les broussailles, mais savent aussi cultiver en terrasses les riches terres pentues des volcans.

Pour pratiquer l'agriculture, les populations indiennes « fabriquent » de la terre, c'est-à-dire aménagent les sols. Par le feu, la hache et la houe, ils créent des clairières dans les forêts épaisses. Sur les flancs abrupts des Andes, ils aménagent des paliers et construisent des terrasses. Si le sol est trop humide, ils le drainent pour l'assécher et creusent des canaux comme dans les **lagunes** du lac de Texcoco sur les rives duquel vit une population nombreuse. C'est encore cette méthode qu'ils emploient dans les forêts de Peten, au pays maya, que des pluies abondantes et continuelles transforment trop fréquemment en marécages. Ces canaux et fossés exigent un entretien permanent. Leur abandon sera l'une des causes de l'effondrement de la civilisation maya. Ailleurs au contraire, il faut apporter l'eau qui fait défaut aux cultures. Les canaux d'irrigation de Tehuacan ont ainsi favorisé le développement du maïs. Dans les Andes autour de Cuzco et dans de nombreux sites incas, des canalisations apportent l'eau bienfaisante et nécessaire, franchissant les ravins ou passant en tunnel sous les montagnes. L'un des dieux les plus importants invoqué par ces paysans est Tlaloc ; en son honneur une énorme roche de plus de 50 m^2 a été taillée dans le lit même du torrent.

Après avoir sommairement dégagé une clairière dans la forêt amazonienne, les Indiens y mettent le feu pour pouvoir y planter quelques plants de patate douce ou de manioc.

Les Incas aménagent les pentes raides du Machu Picchu. Ils creusent des paliers, apportent et empilent des pierres pour former les murets de soutènement des jardins en terrasses.

Tenochtitlan, la capitale des Aztèques, est une cité « amphibie », construite sur un lac. Entourée de jardins flottants, elle est reliée aux rives par de longues digues faites de terre, de pierres et de roseaux.

Les nomades se font paysans

Sur chaque continent poussent des plantes sauvages que les hommes ont sélectionnées et cultivées pour en faire la base de leur alimentation : le blé et l'orge au Proche-Orient, les sorghos et les mils en Afrique, le riz en Asie et en Amérique, le maïs et la pomme de terre.

C'est dans le Sud du Mexique, entre 7000 à 5000 av. J.-C., qu'apparaît le maïs cultivé. Grâce à une sélection rigoureuse et à des croisements successifs, les hommes parviennent à transformer une maigre plante fourragère sauvage, la téosinte, en un végétal doté d'une seule tige terminée par un épi unique fait de grains, gros et nombreux : le maïs. Dès lors, les ancêtres des Indiens se consacrent à sa culture et abandonnent la vie nomade pour celle d'agriculteurs sédentaires. Avec les progrès des techniques d'irrigation, le maïs, dont la multiplication et la croissance dépendent désormais du cultivateur, s'étend bientôt vers le Nord et vers le Sud. Les paysans plantent souvent à ses pieds des courges et des haricots qui s'accrochent à sa tige comme à un tuteur. À peu près en même temps, les anciens peuples du Pérou développent dans les hautes vallées andines la culture de la pomme de terre et commencent à élever le lama et l'**alpaga**, essentiellement pour leur laine et leur viande et un peu comme **bêtes de somme**. Quant aux populations établies sous les Tropiques, elles défrichent des lopins de terre à l'intérieur de la forêt pour y cultiver un tubercule, le manioc, qui avec les cacahuètes, l'ananas, l'avocat ou le piment constituent leurs aliments de base.

Dans les régions arides, les Indiens creusent des rigoles pour irriguer les jeunes plants de maïs qui, sans un arrosage régulier, ne peuvent pousser.

Sur les hauts plateaux glacés boliviens, pendant que des femmes font sécher les feuilles de coca, des Indiens ont attelé à leur araire un couple de « guanacos », le seul animal de trait à leur disposition.

Quand les racines de manioc sont suffisamment grosses, les Indiens les dégagent d'entre les souches calcinées puis les transportent jusqu'au village dans de grands paniers tressés suspendus à leur front par une lanière.

Dans les plaines de l'Ouest, les Indiens récoltent les fruits du sorbier qui, une fois fermentés, donnent une boisson alcoolisée et les feuilles de tabac pour les fumer dans le calumet.

Les peuples du lac

Les rivages, maritimes ou non, fixent les populations attirées par les ressources conjuguées de la terre et de l'eau. Aussi, c'est sur les hauts plateaux andins, entre Pérou et Bolivie, que se développent les civilisations de paysans-pêcheurs à l'origine du grand Empire inca.

Les Indiens Urus du lac Titicaca en Bolivie, à 4 000 m d'altitude au cœur des Andes, sont sans doute les plus anciens représentants des immigrants entrés sur le continent américain. Au début du XXe siècle, ils déclarent : « Nous, le peuple du lac, nous ne sommes pas des hommes.» Ils croient appartenir à une espèce essentiellement aquatique qui existait bien avant que le dieu Viracocha ne crée le monde et les humains. En fait, chassés par les Indiens Aymaras des rivages du lac, ils se sont réfugiés sur sa surface mouvante, ont appris à ne pratiquement plus poser le pied sur la terre ferme et à vivre des seules ressources de l'eau ; ils sont devenus des « hommes d'eau » comme les appellent les autres tribus. La base de leur nourriture devient le « **totora** », qui pousse dans les eaux basses du lac. Ils en mangent les rhizomes grillés, bouillis, ou réduits en farine, sucent sa moelle légèrement sucrée et en tirent une boisson fermentée. À ce menu, s'ajoutent les poissons du lac, les œufs collectés dans les nids des oiseaux aquatiques et quelques animaux tués à la chasse. Le « totora » leur permet encore de construire des huttes meublées de nattes et surtout de longues embarcations aux pointes relevées, formées de bottes de roseaux très serrées qui les rendent étanches.

Le jonc, qui pousse dans les eaux basses du lac, est la « plante universelle » du Titicaca. Coupés en grosses bottes, les roseaux sont rassemblés en boudins qui, une fois ficelés ensemble, forment des pirogues.

Pour s'emparer des œufs des oiseaux de mer, les Fuégiens n'hésitent pas à escalader les falaises abruptes et glissantes du cap Horn.

Les pêcheurs du lac Patzcuaro, sur les hauts plateaux mexicains, capturent les poissons avec de grandes nasses dont la forme élégante rappelle celle des ailes d'un gigantesque papillon voletant à la surface de l'eau.

Des plaines aux hauts-plateaux

Sur un continent aussi vaste que l'Amérique avec tous les reliefs et tous les climats, les hommes ont, selon l'endroit, bâti des maisons très différentes les unes des autres : adaptées à leur mode de vie et construites avec les matériaux à leur disposition.

Sur la côte nord-ouest du continent, chez les peuples de pêcheurs de saumons et chasseurs de baleines, la maison est faite de rondins pour résister au froid et aux fortes pluies, alors qu'à l'est et au centre du continent, les hommes, nomades ou sédentaires, vivent à l'intérieur de huttes sommaires ou de tipis faits de perches en bois liées ensemble et recouvertes d'écorce de bouleau, de peau de bison ou de nattes tressées. Sous les climats plus secs du Sud, les maisons sont, selon la nature du sol, construites avec des briques d'argile séchées au soleil ou des moellons plus ou moins taillés. Certaines, immenses, servent à la fois de résidence et de forteresse comme le « palais de la falaise », à Mesa Verde dans le Colorado, qui compte 200 pièces. En Amérique centrale, où l'ambiance devient tropicale, les hommes préfèrent à l'image des Mayas habiter dans des cabanes. Construites au milieu des marais sur des plates-formes artificielles en terre, leurs murs faits de roseaux favorisent la circulation de l'air et entretiennent la fraîcheur. En revanche, sur les hauts plateaux boliviens et péruviens, les maisons sont creusées dans le sol pour lutter contre le froid et le vent. Édifiées à mi-pente, sur le versant de la montagne, elles sont à égale distance des terres cultivées et des pâturages où vivent les lamas.

En Colombie britannique, les Indiens construisent de solides maisons en bois de sapin Douglas. Les toits à deux versants sont pentus, à cause des pluies et de la neige.

Dans le Yucatan, les Mayas se contentent de cases en roseaux. Les toits faits avec des feuilles de palme les préservent des pluies violentes.

La maison aztèque est cubique, munie de grandes ouvertures qui s'ouvrent sur la place publique et dotée d'escaliers pour accéder aux niveaux supérieurs.

En Patagonie, les Indiens Alakalufs vivent nus, le corps enduit de graisse de baleine. Ils se protègent du froid sous des auvents de branchage.

La cuisine au maïs

La base de l'alimentation des Indiens de l'Amérique centrale est sans conteste le maïs, mais ils savent aussi varier leurs menus. Si la viande est un mets rare, les légumes, dont on cultive 80 variétés différentes au Pérou, figurent en bonne place à chaque repas.

Le maïs se croque cru ou est simplement grillé sur le feu. Mais c'est sous la forme de bouillie ou de crêpes appelées *tortillas* que les Indiens ont coutume de le manger. Les grains, détrempés dans un mélange d'eau et de chaux, sont écrasés et broyés dans une sorte de bol pour former une pâte que l'on mélange à un bouillon ou pétrie à la main en forme de galettes. Ces dernières, cuites sur une pierre brûlante ou sur un disque en poterie, sont roulées avec de la purée de haricots, d'avocats ou de patates douces assaisonnée avec des piments, des tomates ou des oignons. À ces légumes, on ajoute des fruits comme la papaye, la mangue, la banane, la noix de coco ou des agrumes. La viande est un luxe, on la remplace par des poissons, des têtards, des limaces ou des vers grillés. Au cours des fêtes, les Indiens mangent parfois du dindon arrosé avec du pulque, de la sève d'**agave** fermentée. Le **maguey**, grande plante des terres arides, qui fleurit une fois, vers 10 ans, puis meurt, a de multiples usages. Elle est à la fois la providence du voyageur qui veut se désaltérer et celle du peuple aztèque qui, bien que considérant l'ivrognerie comme un délit, adore s'enivrer avec la bière issue de ce même liquide.

Les femmes des peuples indiens du Mexique préparent les haricots en les broyant avec un pilon avant de les mélanger à des piments.

On emploie la meule rectangulaire et le rouleau pour écraser le maïs alors que le pilon sert à broyer les piments.

La vie est douce le long des rivages de l'Amérique centrale. La mer procure coquillages et poissons et les arbres de la forêt baies et fruits, comme le cocotier dont les noix fournissent à la fois un lait délicieux et une chair parfumée.

Un pied de maguey contient plusieurs litres de sève que les Indiens aspirent avec une pipette de roseau emmanchée dans une calebasse avant de la faire fermenter dans des vases.

Dans l'Altiplano **des Andes,** les Indiens font sécher les grains de maïs sur des aires de séchage où les femmes les retournent régulièrement.

De la naissance au mariage

Dans toutes les civilisations précolombiennes, chez les chasseurs de baleine de la côte nord-ouest, chez les tribus de la forêt amazonienne ou chez les peuples des Andes, les épisodes de la vie sont ordonnés, jalonnés et répertoriés par des étapes et des rituels immuables.

Les civilisations urbaines (aztèque, maya ou inca) entrées en contact direct avec les Espagnols sont les mieux connues. Elles possèdent de précieux **codex**, des récits transcrits en langues indigènes et enrichis d'images précises et naïves, qui permettent de suivre les grandes étapes de la vie quotidienne des Aztèques, de la naissance à la mort. L'enfance ne dure que jusqu'à 6 ou 7 ans. Après, commence l'apprentissage de la vie où les jeunes observent leurs parents au travail et imitent leurs gestes. L'éducation du garçon est confiée au père et celle de la jeune fille à la mère. Dès l'âge de 6 ans, la fillette manie le fuseau pour filer la laine ou le coton. Les enfants des dignitaires entrent au « calmecac », une école et un temple à la fois, entre 6 et 9 ans ; ils s'y préparent à la prêtrise ou aux plus hautes charges de l'État. La plupart des jeunes fréquentent plus simplement l'école de quartier, le « telpochcalli » où, le maître n'hésite pas à infliger de rudes châtiments corporels aux enfants dissipés, désobéissants ou paresseux. L'éducation religieuse, les jeûnes, les pénitences y tiennent moins de place qu'au « calmecac », alors que les exercices militaires et le maniement des armes y sont prépondérants.

Les enfants des dignitaires aztèques se rendent à l'école accompagnés d'un esclave. Là, ils reçoivent une éducation sévère et rigoureuse qui les prépare à la prêtrise ou aux plus hautes fonctions de l'État.

Les filles sont confiées au temple. Elles n'y passent que quelques années, avant de se marier, ou toute leur vie si elles deviennent prêtresses.

Le nouveau-né est présenté à la famille par la sage-femme qui le lave ensuite avec de l'eau purificatrice.

On maintient les élèves punis au-dessus d'un feu de piment vert qui dégage une fumée très piquante.

Des jeux en l'honneur des dieux

Les jeux ne sont pas à proprement parler des rencontres sportives, mais plutôt des sortes de rituels religieux ou des fêtes divines au cours desquels l'élite de la noblesse s'affronte, dans des lieux sacrés et à des dates précises, pour la plus grande gloire des dieux.

Pendant la cérémonie du « volador », le chef de danse se tient debout au sommet d'un mât où il joue de la flûte et du tambour, pendant qu'au-dessous de lui tournoient dans le vide quatre danseurs-oiseaux attachés par la taille.

Au début d'une grande cérémonie maya, des hérauts annoncent le défilé des prêtres en soufflant dans de longues trompes en bois.

Les jeunes Indiens aiment jouer à une sorte de marelle ou bien se lancer dans de longues parties de « patolli » : un genre de jeu de l'oie durant lequel il faut faire passer des haricots de case en case.

Le jeu de pelote, « tlachtli » chez les Aztèques et « pok-tapok » chez les Mayas, se pratique sur un terrain en forme de I. Deux équipes, de deux à sept joueurs, s'affrontent en cherchant à faire passer une lourde balle de caoutchouc dans le camp adverse sans qu'elle tombe à terre. Ils ne peuvent toucher la balle qu'avec leurs hanches, leurs coudes ou leurs genoux. Ceux qui la projettent à travers l'un des deux anneaux en pierre scellés à 3 m du sol sur les murailles latérales de l'aire de jeu gagnent la partie. Le terrain symbolise le ciel et la balle le soleil dont la course ne doit jamais s'arrêter. La traversée de l'anneau matérialise le passage de l'astre au zénith. Le « tlachtli » qui se déroule pendant les fêtes en l'honneur du dieu de la Pluie Tlaloc attire des foules qui s'adonnent à des paris aux enjeux variés : vêtements, plumes ou esclaves. Quant aux joueurs, l'enjeu est terrible : à l'issue de la confrontation, certains sont sacrifiés afin que leur sang aide le soleil à triompher du néant.

Le jeu du « volador » pratiqué par les populations de Vera Cruz a une issue moins tragique, mais garde une valeur symbolique. Travestis en oiseaux, quatre danseurs s'élancent d'un grand mât haut de 30 m dans le vide, retenus par de longs câbles. En tournoyant la tête en bas, ils déroulent lentement les câbles jusqu'à enfin toucher le sol.

Sous les hurlements de la foule excitée par le jeu, un joueur de pelote est sur le point, grâce à un habile cou de coude, de faire passer la balle en caoutchouc à travers l'anneau de pierre vertical scellé dans le mur.

La « guerre fleurie »

Chez les Aztèques, la guerre est présente dans tous les actes de la vie. Seul le métier des armes assure les plus brillantes carrières aux hommes capables de triompher dans les combats en faisant prisonniers leurs ennemis. Il n'est donc jamais trop tôt pour s'y préparer.

À la naissance d'un garçon, la sage-femme prononce un long discours, lui promettant une vie de guerrier. Quand il atteint l'âge de 6 ou 7 ans, il commence à pratiquer de nombreux exercices militaires. Vers 10 ans, en signe de maturité, on lui coupe les cheveux, sauf une courte mèche sur la nuque qu'il ne peut raser qu'après avoir capturé un adversaire au combat. Après avoir fait quatre prisonniers ou abattu quatre ennemis, il devient vraiment adulte, un « tequina ». Dès lors, il a le privilège d'acquitter sa part d'impôt et de participer à la vie sociale de la cité. Celui qui n'a pu se distinguer reste un homme du peuple. L'ambition de tous les « tequinas » est d'être admis parmi l'élite des combattants comme les redoutables « chevaliers-jaguars » ou les plus valeureux : les « chevaliers-aigles ». La guerre pratiquée, surnommée « la guerre fleurie », n'est pas un combat à outrance, mais une succession d'affrontements, sans véritable vainqueur ni vaincu, dont le but est de capturer le plus de prisonniers possible afin de les sacrifier aux dieux. Après un échange de flèches et de pierres, la bataille se poursuit par un furieux corps à corps où chaque combattant cherche à faire le plus grand nombre de captifs vivants ; aussi des « aides » les accompagnent pour ligoter les adversaires renversés.

Très jeunes, les Aztèques reçoivent une formation militaire. Munis d'armes et de boucliers adaptés à leur taille et à leur force, ils s'affrontent entre eux.

Les meilleurs combattants aztèques rejoignent les troupes d'élite des guerriers jaguars ou aigles.

À l'heure du sacrifice, les chefs mayas rassemblent les prisonniers sur les marches du temple au pied du grand prêtre. Flanqué de dignitaires, il prononce la sentence de mort.

Régnant sur un empire qui s'étend sur plusieurs milliers de kilomètres le long de la cordillère des Andes, le Grand Inca est le chef d'une puissante armée à laquelle ne peuvent s'opposer que des peuples nombreux et organisés.

Médecine du corps et de l'esprit

Les conquistadors sont non seulement surpris par la science médicale des Aztèques qui avec des potions ou grâce à des interventions chirurgicales savent soigner les blessures du corps, mais aussi par leurs pratiques magiques qui adoucissent les souffrances mentales.

Les Aztèques et Incas savent réduire les fractures, immobiliser les membres blessés par la pose d'attelles maintenues par des lianes ou des fibres végétales. Par succion ou incision à l'aide d'une lame d'obsidienne, ils extraient la pointe d'une flèche brisée. La plaie est recousue grâce aux piquants acérés et aux filaments fournis par le maguey dont ils se servent en guise d'aiguilles et de fil. Les maladies mentales, aux causes mystérieuses, sont toujours redoutées. Les Péruviens soignent les abcès au cerveau par d'habiles trépanations : en ouvrant le crâne du malade, ils pensent permettre l'envol des forces mauvaises. Ils raclent les os du crâne avec leur couteau d'obsidienne, pour isoler le secteur atteint. Ils percent l'os avec un poinçon de pierre puis détachent un morceau de la calotte crânienne pour mettre le cerveau à nu. Si de nombreux patients ne survivent pas à ces séances, quelques-uns en réchappent grâce à une bonne cicatrisation et à une forte constitution, comme ce crâne retrouvé à Cuzco qui porte la trace de quatre trépanations successives. En dernier recours, ils appellent les esprits et les dieux au secours de la médecine. Ils confient les malades aux **chamans** et aux sorciers qui, grâce à des rites mystérieux ou parfois même à de simples bains de vapeur, guérissent les patients.

Les plaies purulentes sont soignées avec la sève fraîche d'un arbre « miracle », l'arbre de Ylin, qui apaise la douleur et favorise la cicatrisation.

Pour calmer les malades souffrant d'épilepsie, les médecins aztèques leur font boire des potions calmantes préparées à partir de jus de plantes.

Habiles chirurgiens, les Aztèques utilisent les épines d'agave comme des aiguilles pour recoudre les plaies importantes.

Le membre brisé est immobilisé par des attelles en bois de balsa solidement maintenues par des lianes. L'os se ressoude ainsi rapidement.

Les saignées sont fréquentes. La veine est incisée à l'aide d'un couteau en obsidienne et maintenue ouverte avec des piquants de cactus.

Quand le mal est incurable, il faut avoir recours à la magie et sacrifier un dindon pour donner à boire au patient le suc de ses glandes salivaires.

Une vie rythmée par les astres

De tous les peuples précolombiens, ce sont les Mayas qui manient avec la plus grande dextérité chiffres et nombres. Cette science du calcul leur sert avant tout à percer le mystère du mouvement des astres et à établir des calendriers solaires et religieux.

Plus que pour évaluer les quantités de grains dans les greniers, les civilisations indiennes se servent des mathématiques pour prévoir la course des astres et calculer le temps afin d'établir des calendriers. Les Mayas interrogent le ciel pour tenter de prévoir le destin des hommes et déterminer à l'avance les jours favorables ou non. Depuis des observatoires construits au sommet de tours colossales, comme le « caracol », dans la cité de Chichen Itza, au cœur du Yucatan, ils examinent les astres et arrivent à évaluer très précisément la période de révolution de la planète Vénus et par extrapolation à déterminer qu'une année solaire compte 365 jours. Ce premier calendrier, de 18 mois de 20 jours plus une dernière période de 5 jours baptisée *uayeb* (« celle qui n'a pas de nom »), sert à repérer les événements saisonniers comme les moissons ou les semailles. Il n'est néanmoins pas le seul que les Mayas, et plus tard les Aztèques, utilisent. Ils en possèdent un autre de seulement 260 jours (calculé à partir du mouvement de la planète Mars) dont la vocation est religieuse et divinatoire. Les prêtres y lisent le destin des hommes et de la communauté dans de nombreuses circonstances comme la naissance, le mariage, le départ d'un marchand pour un long voyage ou le choix d'un nouveau chef de guerre.

L'écriture maya n'emploie pas des lettres, mais des glyphes : des symboles et des dessins qui expriment à la fois des mots et des sons.

Tous les matins, réunis autour d'une étrange pierre taillée dans le rocher, les prêtres incas de la ville de Machu Picchu saluent le lever du soleil.

Un guerrier aztèque contemple la pierre du Soleil, un disque de 3,60 m de diamètre, où figure le masque grimaçant du dieu Tonatiuh, assoiffé de sang humain, entouré de glyphes qui symbolisent les 20 jours des mois de l'année solaire.

Pour faire leurs comptes, les négociants incas utilisent le « quipu » : une corde à multiples brins.

Une multitude de dieux

C'est parce qu'ils adoptent les divinités des peuples dont ils triomphent, que les Aztèques vénèrent plus de 1 600 dieux. Mais au cours des grandes fêtes qui se déroulent au sommet des pyramides, leurs prêtres n'invoquent que les plus importants d'entre eux.

La plupart des peuples pensent qu'un couple suprême, le Feu et la Terre, sont à l'origine du monde. Ils se figurent le dieu du Feu comme un vieillard dont la tâche est de veiller sur un brasero qui jamais ne s'éteint. Aux repas, on lui offre quelques miettes de galette et quelques gouttes de pulque. Sa compagne, la déesse de la Terre Coatlicue, est généralement représentée vêtue d'une ample jupe, ornée de serpents menaçants, symboles des profondeurs souterraines. Mais, parce que les cultures exigent de grandes quantités d'eau, l'une des divinités les plus importantes est Tlaloc, dieu de la Fertilité et de la Pluie auquel les Aztèques rendent un culte au sommet de la grande pyramide de la cité sacrée de Teotihuacan. Sont également honorés au cours de fêtes rituelles Huitzilopochtli, dieu de la Guerre et du Soleil, adoré particulièrement dans la ville de Tenochtitlan, et surtout Quetzalcoatl, le divin « Serpent à plumes ». À la fois dieu de la Mort à cause de son aspect de reptile et dieu de la Résurrection avec son magnifique plumage vert comme celui du quetzal, il est aussi le créateur de l'homme capable de ressusciter les morts en arrosant leurs ossements de son sang. Généreux et bienfaisant, son nom est le titre donné aux deux grands prêtres.

Sans doute inspirée des nombreux volcans en activité qui dominent la lagune de Mexico, l'image du dieu du Feu est, pour les Aztèques, celle d'un vieillard au visage ridé soutenant un brasero fumant.

Quand Pacal, le prêtre-souverain maya de Palenque, meurt au IXe siècle, il est inhumé dans une crypte située sous la pyramide des Inscriptions. Sa dépouille est déposée dans un sarcophage fermé par une lourde dalle en pierre.

Dans la grotte de Balankanche, au Mexique, parcourue par un ruisseau souterrain, une procession de prêtres aztèques transporte solennellement l'urne funèbre contenant les cendres d'un chef vénéré. Elle reposera auprès de dizaines d'autres semblables.

Fils du Soleil

De nombreuses civilisations indiennes, et en particulier les Aztèques, se considèrent comme le peuple du Soleil. Ils adorent le disque solaire et le nourrissent avec « l'eau précieuse », c'est-à-dire le sang humain, afin que le monde, sans cesse ainsi régénéré, continue d'exister.

Les Aztèques pensent que le seul moyen de retarder la fin du monde est de soutenir les dieux dans leur lutte permanente contre le néant. Aussi pour obtenir le retour des pluies, augmenter la fertilité des sols ou aider la course quotidienne du soleil, ils nourrissent leurs divinités avec leur propre sang. Souvent les sacrifices se déroulent au sommet des pyramides sacrées. Les prêtres tiennent fermement, sur une sorte d'autel en pierre, la victime étendue sur le dos, face au ciel. L'un d'eux lui ouvre la poitrine et lui arrache le cœur que l'on brûle ensuite dans une urne en pierre ou en terre cuite. Cette coutume qui effraya tant les conquistadors espagnols est, au-delà du rituel sanguinaire, une cérémonie qui permet aux hommes et aux divinités de s'unir pour triompher du chaos. Il n'est donc pas étonnant que les victimes soient volontaires. Chaque année, un jeune homme « parfait en tous points » s'offre par exemple en sacrifice à Tezcatlipoca, dieu du Ciel nocturne, de la Mémoire ancestrale et protecteur des guerriers. L'élu parmi les candidats représente le dieu lui-même. C'est lui qui périt devant sa propre image, dans son propre temple, pour sauver le monde. C'est la chair même du dieu que le prêtre ou le fidèle absorbent, exerçant un cannibalisme rituel, dans une sanglante communion.

Au sommet de la plus haute pyramide de Tenochtitlan, au pied du temple du dieu de la Pluie et de celui du Soleil, ont lieu des sacrifices collectifs : 20 000 victimes en quatre jours.

C'est en l'honneur du dieu du Soleil que les Indiens Tétons d'Amérique du Nord s'arrachent des morceaux de chair en se suspendant au-dessus du sol.

Parée de ses plus beaux atours, une jeune fille est précipitée vivante dans un gouffre immense situé non loin de la ville de Chichen Itza et consacré à Chac, le dieu maya de la Pluie. Sa mort doit hâter la fin de la saison sèche.

Tlatilco : capitale de la poterie

Mille ans avant notre ère, dans une région de la vallée de Mexico appelée Tlatilco, se développe une civilisation d'artisans qui excellent dans l'art de la poterie. Leur production, abondante et variée, comporte aussi bien des vases culinaires que des statuettes expressives et réalistes.

Les terres fertiles et **giboyeuses** de la vallée de Mexico ont très tôt attiré les populations **amérindiennes**. La plus ancienne occupation connue, un campement de chasseurs retrouvé sur les rives du lac de Texcoco, date sans doute de 24 000 ans. Ces hommes n'ont alors que des armes taillées dans l'andésite, une roche volcanique qui se travaille mal. Puis, entre 1 500 et 1 000 ans avant notre ère, des paysans sédentaires s'y installent. Ils construisent des cabanes en roseaux, façonnent leurs outils dans de l'obsidienne et surtout maîtrisent l'art de la poterie. Avec l'argile fine que l'on trouve, ils fabriquent des grands vases pour l'eau potable ou l'enivrant pulque, des silos en terre cuite pour entreposer les piments ou le maïs, des marmites pour préparer la soupe ou de minuscules récipients pour conserver les parfums les plus étranges. À tout cela s'ajoutent d'innombrables statuettes, le plus souvent féminines, nues et fort délicates. On les retrouve dans les sépultures placées sous les maisons ou dans les cimetières où elles accompagnent le défunt. Au début de notre ère, les artisans font évoluer les modèles des statuettes, les hommes y sont plus nombreux. On représente également des danseuses, des acrobates, des monstres et même des mutilés et des malades de façon très réaliste.

Les maisons construites autour de Cuzco sont fabriquées en adobes : des briques d'argile, moulées et séchées au soleil.

La céramique des Andes offre une richesse considérable de lignes et de décors : des vases ou des jarres en forme de masques ou de visages humains, des récipients aux anses élégantes.

Avant d'adopter la poterie vers l'an 1000, les Indiens du Nouveau-Mexique pratiquent la vannerie et tressent de grands paniers évasés.

Pour imperméabiliser un grand panier tressé, un Indien l'enduit de cire d'abeille pendant que son compagnon le décore avec une cordelette.

Des tissus chamarrés

Chez la plupart des peuples de l'Amérique précolombienne, le costume ne sert pas seulement à se protéger des rigueurs du climat, mais indique aussi le rang social des individus. Parures de plumes et étoffes en coton ou en laine sont des denrées précieuses.

Le travail des textiles est un domaine où excellent les Précolombiens. Les Indiens de l'Amérique centrale utilisent des fibres végétales assez grossières comme celles extraites du **sisal** et de l'agave ou d'autres plus légères comme le précieux coton, dont seuls les grands guerriers aztèques peuvent se vêtir. Sur les hauts plateaux andins, ils filent et tissent aussi des laines animales comme celles des lamas et des alpagas domestiqués ou des **vigognes** sauvages aux poils souples et brillants. Même si les plus belles étoffes sont souvent produites par des artisans, ces travaux font partie des occupations des femmes ; les mères transmettant leur savoir aux filles. Le métier à tisser le plus répandu est le « métier de ceinture » que le tisserand attache à un arbre ou à un piquet. Il ne permet que la fabrication d'étroites bandes de tissu que l'on assemble pour obtenir de grandes pièces d'étoffe. Les décors à base de motifs géométriques colorés sont à la fois simples et raffinés. Des règles strictes régissent la façon de s'habiller. Chez les Aztèques, par exemple, seuls les guerriers et les hauts dignitaires portent des costumes de couleurs vives et revêtent pour les grandes occasions des capes et des coiffes chatoyantes faites avec les plumes de magnifiques oiseaux comme le quetzal, l'ara ou le colibri.

Le travail des plumes est réservé à d'habiles artisans qui les trient par taille et par couleur et les assemblent avec des fils d'agave ou de la colle à base de gomme d'hévéa.

Les Indiens utilisent des métiers à tisser portatifs pour fabriquer des bandes de tissu étroites. Ils les assemblent ensuite et forment des étoffes ornées de motifs géométriques plus ou moins chamarrés.

Pour fabriquer des fils résistants, les feuilles d'agave aux fibres ligneuses sont trempées dans l'eau.

Dans les échoppes, les clients peuvent se procurer de somptueuses couvertures, mais aussi des pièces plus ordinaires comme le poncho, fait d'une seule pièce de tissu fendue au centre pour y passer la tête.

Tenochtitlan : une cité prodigieuse

Construite sur un site marécageux, la cité aztèque de Tenochtitlan, la future Mexico, est une ville qui impressionne les visiteurs à la fois par sa taille mais également à cause de la rigueur de son architecture, de sa prospérité et de l'opulence de ses marchés grouillant de monde.

La capitale aztèque jouit d'une position unique, sur des îlots consolidés de la lagune rattachés à la terre ferme par trois longues chaussées surélevées. Avec 300 000 habitants, elle est au XIVe siècle la plus grande métropole. Bâtie selon un plan rigoureux, ses rues et ses quartiers forment un quadrillage régulier autour de la grand-place dominée par la Grande Pyramide. Aux pyramides s'ajoutent 40 tours, et les premiers « carrés » de la ville sont occupés par des résidences somptueuses encadrant des jardins fleuris. Plus loin, le quartier commerçant est animé ; badauds et chalands convergent vers les places menant au grand temple où les marchés quotidiens rassemblent 60 000 personnes. Là, installés dans d'étroites échoppes des barbiers, des écrivains publics ou des marchands d'esclaves proposent leurs services. Des tailleurs et des orfèvres travaillent la plume, la **nacre**, l'**onyx**, l'argent et l'obsidienne pour fabriquer de magnifiques parures. Sur d'autres éventaires, sont présents toutes sortes de produits comme des fourrures de jaguar ou d'**ocelot** provenant de la forêt amazonienne ou des ceintures brodées en poil de lama de la cordillère des Andes. Enfin, des étals plus modestes abritent des produits comme des céramiques domestiques, des fruits et des légumes.

L'écrivain public transcrit sur feuille de papier en fibres végétales les comptes commerciaux de son client. Il utilise des glyphes et un système de numération très efficace fait de points et de bâtonnets.

On trouve toutes sortes de « produits » sur le marché, même des esclaves, le cou enserré dans un carcan. Une fois vendus, ils travailleront sans être payés, mais pourront, peut-être un jour, redevenir des hommes libres.

Après avoir rasé son client avec un couteau à lame d'obsidienne, le barbier fait admirer son travail grâce à un miroir en pierre polie.

Sur les étals du marché, on trouve aussi bien des produits locaux que des articles importés des lointaines contrées du Sud.

Les routes du commerce

Même si la géographie complexe du continent américain ne facilite pas les déplacements des négociants et le transport des marchandises, les tribus indiennes s'échangent matières premières, denrées agricoles et objets manufacturés grâce au troc que toutes pratiquent.

Les plateaux andins, à 2 000 ou 3 000 m d'altitude, coincés entre des chaînes montagneuses culminant à 5 000 ou 6 000 m, ont canalisé le peuplement du continent sud-américain. De nombreux immigrants se sont attardés dans ces régions au climat plus tempéré que celui des côtes et des plaines littorales. Aussi, en dépit d'une circulation rendue difficile à cause des pentes abruptes, des cols enneigés et des gorges profondes, c'est là que se développe un commerce important poussé par la croissance des grandes civilisations précolombiennes. Ignorant la roue, les marchands vont à pied et portent sur leur dos les fardeaux car le seul animal de bât à leur disposition est le lama : un cousin du chameau, très frugal, mais seulement capable de porter un poids n'excédant pas 25 kg et de couvrir à peine 15 km par jour. Les fruits exotiques, les piments si recherchés, les coûteuses pièces de coton tissé, le cacao si précieux, les balles de latex recueillies sur les troncs de l'hévéa, les poissons pêchés dans les eaux chaudes du golfe de Vera Cruz gagnent ainsi les marchés de l'opulente cité de Tenochtitlan. Le guano des îles du Pacifique, les poissons et les coquillages franchissent les dures cordillères pour amender les terres incas et varier le menu des habitants de Cuzco.

Le royaume Inca est parcouru sans cesse par des caravanes de marchands qui cheminent sur les rares pistes qui traversent le pays.

Une fois cuite sur une pierre de cuisson chauffée par un feu de braise, la galette de maïs est fourrée avec une sauce épicée de piment rouge.

Sur le marché de Toluca, on vend des fruits et des légumes, mais aussi des céramiques à usage domestique qui sont soit des vases en pâte rouge ou des récipients recouverts de vernis rouge ou noir.

Sur le plateau mexicain, à Xochimilco, se tient un étonnant « marché flottant ». Des longues barques à fond plat permettent de circuler entre les îlots de jardins où sont cultivés de magnifiques fruits et légumes.

Architectes et bâtisseurs

Les peuples précolombiens savent admirablement travailler la pierre. Ils l'utilisent pour en faire de petits objets mais aussi pour façonner des sculptures monumentales ou pour construire les murs d'impressionnants bâtiments.

Pour édifier leurs premiers temples, les Indiens se contentent d'entasser des quantités de terre. Certains atteignent des proportions considérables : par exemple, le **tumulus** du grand serpent, près de Cincinnati dans l'Ohio, long de 400 m, ou la pyramide circulaire à quatre étages de Cuicuilco, construite trois siècles avant notre ère, dont le diamètre atteint 135 m. Bien qu'ils ne disposent d'aucun métal hormis l'or et l'argent, ils mettent au point des techniques faisant d'eux d'habiles artisans de la pierre. Les Olmèques par exemple travaillent à la fois le jade, une pierre très dure pour fabriquer des masques et les pendeloques, et le basalte, pour édifier les autels et les imposantes sculptures. Ces constructions réclament une importante main-d'œuvre car cette roche volcanique provient de carrières situées à plus de 80 km de là. Dans les Andes, les Incas débitent sur place les gros blocs utilisés pour élever les murs de leurs cités. Ils creusent des entailles alignées où ils logent des morceaux de bois humidifiés qui font éclater la pierre. Puis, pour un ajustement parfait, ils usent et polissent chacun d'entre eux en piquetant leurs faces avec un burin de quartz et un maillet.

À Uxmal, des charpentiers mayas préparent l'échafaudage provisoire en bois qui permettra la construction d'une voûte en encorbellement.

Après avoir fait parcourir à d'énormes blocs de basalte 40 km environ à bord de radeaux en balsa, les Olmèques les sculptent en forme de tête monumentale avec de simples maillets en bois et des ciseaux en quartz.

Afin que les blocs des murs de Cuzco s'emboîtent parfaitement, les bâtisseurs incas doivent longuement polir les faces de chacun d'eux, à la meule et au sable humide.

Élever la porte de Tihuanaco ou un Atlante représentant Quetzalcoatl à Tula demande un effort collectif immense.

L'or, le bien le plus précieux

Chez les peuples précolombiens, l'or est un métal précieux qui a une origine divine. Aussi les bijoux et les parures réalisés dans ce matériau ne peuvent-ils être que des ornements seigneuriaux ou des objets rituels utilisés au cours de certaines cérémonies.

Pour les Indiens des Andes, l'or, le seul métal qu'ils connaissent et exploitent avec l'argent et le cuivre, a une dimension symbolique et religieuse. Représentant le soleil, c'est-à-dire le dieu Inti, il est réservé aux classes dirigeantes, aux chefs politiques et aux prêtres.
On l'emploie pour fabriquer les objets de parure, les pendentifs, les pectoraux et les bijoux aux décors le plus souvent constitués de motifs géométriques répétés à l'infini. Laminé sous forme de feuille, il se moule sur des supports en bois, reproduisant des visages humains, donnant de merveilleux masques qui lient le défunt au soleil lui-même. Les dignitaires et les prêtres mangent dans de la vaisselle d'or. Parfois des feuilles de ce métal ornent les parois de leurs demeures et des temples. Pourtant, dans l'Ancien Monde, l'or n'a pas la valeur marchande qu'on lui accorde ; seule son inaltérabilité le rend précieux aux yeux des Indiens. Une conception bien différente de celle des conquistadors pour lesquels il représente richesse et puissance. Lors de la conquête, ils exigeront du Grand Inca prisonnier une énorme rançon. Ils feront remplir deux salles de 60 m^3 d'objets en argent, une salle de 30 m^3 d'objets en or qu'ils feront ensuite briser, écraser et laminer… afin de leur faire tenir moins de place et les transporter plus aisément.

Prêtres et dignitaires sont inhumés avec des magnifiques bijoux comme cette plaquette et ce pectoral en or massif représentant le dieu de la Mort.

Parfois les Indiens utilisent une batée **en osier pour « laver » les** alluvions **et les séparer des paillettes ou des pépites d'or.**

Le travail de l'or se fait au marteau. Il est frappé pendant des heures pour obtenir une mince feuille de métal qui est ensuite plaquée et « battue » sur une forme en bois qui la transforme en masque ou en bijou.

Les Indiens travaillent le jade dont ils apprécient la couleur verte. Après avoir débité les blocs au maillet et au ciseau, ils percent les billes avec un foret à archet et les montent en collier.

L'arrivée de Christophe Colomb

Après la découverte de l'Amérique par Christophe Colomb, l'Espagne et le Portugal envoient des expéditions coloniser les nouvelles terres. En moins d'un demi-siècle, les populations indiennes sont décimées et les conquistadors deviennent les maîtres du Nouveau Monde.

Le 12 octobre 1492 : « *Tierra ! Tierra !* (Terre !) » crie enfin un matelot de Séville, après 65 jours d'une difficile traversée à bord de la *Pinta*. Christophe Colomb découvre une île inconnue appelée Guanahani par les Indiens qui la peuplent, mais qu'il dénomme San Salvador. À l'aube, il débarque en uniforme de grand amiral avec ses compagnons, se met à genoux sur la plage, brandit l'étendard de la couronne d'Espagne et au nom des souverains Isabelle la Catholique et Ferdinand d'Aragon en prend possession. Les 6 000 km de mer qui séparent l'Amérique et l'Europe sont franchis ! L'Europe, avide d'or et d'argent, recherche des terres neuves et inconnues. Un intense zèle religieux la pousse à convertir ceux qui ne pensent pas comme elle. Colomb est suivi par de nombreux aventuriers attirés irrésistiblement par l'appât de l'or. En 1519, Hernan Cortés débarque sur les côtes du Yucatan et devient le maître incontesté du Mexique aztèque en 1521. Francisco Pizarro arrive au Pérou en 1524. Plusieurs tentatives et expéditions lui seront nécessaires pour accéder au cœur de l'Empire inca, mais en 1532 avec seulement 200 hommes, il pénètre dans la cité de Cajamarca, capture le Grand Inca Atahualpa, puis le rançonne avant de l'étrangler. L'Empire inca a vécu.

Parce qu'il s'est converti au catholicisme, le souverain inca Atahualpa se voit accorder par le chef des conquistadors la faveur de mourir étranglé avant que son corps ne soit brûlé.

Prisonnier des Espagnols, l'empereur aztèque Moctezuma appelle ses guerriers à cesser le combat. Il reçoit une volée de pierres qui le tue.

L'évêque Diego de Landa fait brûler les codex, ces manuscrits précieux rédigés en langues indiennes qui relatent l'histoire des peuples aztèque et maya.

Alors que l'océan Indien est la chasse gardée des Portugais et que les Espagnols sont les maîtres de l'Amérique centrale, les Français avec Jacques Cartier prennent la route du Nord et, en juillet 1534, débarquent au Canada.

Les Cinq Mondes

Poussée par le courant, une petite pirogue noire, creusée dans un tronc d'arbre effilé, dérivait lentement sur les eaux boueuses de l'Atoyoc. À bord, deux jeunes Indiens pêchaient avec une apparente nonchalance, apparente seulement car, à intervalles réguliers, dans le clapotis des vagues ils harponnaient des proies d'un geste sûr, juste sous la surface du fleuve.

Les Cinq Mondes

Poussée par le courant, une petite pirogue noire, creusée dans un tronc d'arbre effilé, dérivait lentement sur les eaux boueuses de l'Atoyoc.

Le dieu principal de la Pluie, Tlaloc, est celui qui fait germer les cultures. De nombreuses célébrations rituelles sont données en son honneur.

Le Monde bleu est un lieu chaud, couvert de fleurs et de fruits délicieux peuplé de milliers d'oiseaux, où vit le Soleil.

À bord, deux jeunes Indiens pêchaient avec une apparente nonchalance, apparente seulement car, à intervalles réguliers, dans le clapotis des vagues ils harponnaient des proies d'un geste sûr, juste sous la surface du fleuve.

Comme bien des Indiens, Xica et Ulque étaient curieux de tout connaître. La veille encore, autour du feu, ils avaient écouté les Anciens parler gravement des contrées mystérieuses qui s'étendent aux confins du Monde. Le plus jeune, Xica, ne connaissait que les rives de l'Atoyoc. En raison de son âge, il n'avait pas tout compris et de plus à la fin… il s'était endormi ! Aussi, après avoir préparé son harpon, demanda-t-il à son frère de mieux lui décrire ces pays lointains.

Ulque, l'aîné, avait un peu voyagé. Il répondit d'abord évasivement, puis, prenant de l'assurance, il répéta ce qu'il avait entendu dans la tribu. Alors, Xica précisa sa question :

« Dis-moi, Ulque, que trouve-t-on au-delà de l'horizon ? »

L'aîné, flatté de pouvoir répondre, ménagea ses effets en posant d'abord une autre question :

« De quel horizon parles-tu ? Il en existe au moins quatre ! Un dans chaque direction… »

Surpris de cette perspective, mais non découragé, Xica riposta : « Je sais ! Mais on trouve sûrement la même chose dans toutes les directions…

– Justement non ! Il y a de grandes différences entre les quatre mondes.

– Lesquelles ?

– Eh bien, la couleur par exemple ! Ils n'ont pas tous la même…

– Ah bon ! Et comment le sais-tu ? enchaîna vivement Xica, vexé de ne pas y avoir pensé et soucieux d'en savoir plus.

– Je le sais parce que les Anciens le disent tous. Hier soir, ils ont encore raconté qu'autrefois sept guerriers de la tribu ont été poussés par la tempête jusqu'au Levant…

– Et qu'ont-ils vu là-bas ? insista Xica de plus en plus intrigué.

– Le Monde rouge ! » dit Ulque tout en harponnant un poisson d'un geste vif.

Il remonta sa proie à bord, l'assomma contre le bois, la décrocha lentement du harpon puis précisa :

« Un Monde noir et rouge, comme la nuit et le soleil levant…

– Alors c'est comme chez nous, mais en rouge ?

– Pas vraiment, car c'est aussi le pays de la Jeunesse. Des dieux y vivent, tout rouges eux aussi, mais éternellement jeunes.

– Comment vivent-ils ?

– Ils chantent et dansent tous les jours. Quand ils ont faim, ils mangent des épis de maïs qui poussent tout seuls ou des graines si tendres qu'elles fondent dans la bouche…

– Et il n'y a personne d'autre dans ce Monde rouge ?
– Si ! Les Anciens affirment que le dieu des Pluies y habite, caché dans un immense jardin.
– Comment s'appelle ce jardin ? »
Ulque réfléchit un moment :
« Tlaalocan je crois, mais on ne le voit jamais. Il est masqué par des roseaux géants… »

Célébration en l'honneur de Xipe Totec, organisée le premier jour du second « mois » selon le calendrier aztèque.

Xica semblait satisfait de ces réponses. Pendant quelques minutes il pêcha en silence, puis ne put s'empêcher de demander :

« Et vers le Sud ? Qu'y a-t-il vers le Sud ? »

Ulque sourit discrètement. Il avait compris qu'il faudrait répéter à son jeune frère tout ce qu'il avait entendu la veille. Il s'y prêta de bonne grâce, et même avec une certaine satisfaction.

« Au Sud s'étend le Monde bleu. C'est un Monde chaud, couvert de fleurs et de fruits délicieux, peuplé de milliers d'oiseaux.

– Mais qui habite avec les oiseaux ?

– Le Soleil ! Tous les jours il passe très haut dans le ciel. Comme il chauffe beaucoup trop fort, le Monde bleu est aussi le pays du Feu, un endroit dont les hommes doivent se méfier. »

Xica et Ulque bavardaient et pêchaient depuis des heures. Pendant ce temps le soleil accélérait sa course vers le Couchant. Il leur fallait songer au retour.
« Et vers le Couchant, que trouve-t-on vers le Couchant ? demanda Xica en montrant cette direction.
– Un Monde blanc ! Éclatant de blancheur ! répondit Ulque.
– Qu'y a-t-il dans ce Monde blanc ?
– Autrefois, un trou profond s'ouvrait là-bas dans le sol, une sorte d'immense caverne… »
Ce début de réponse intrigua Xica dont la curiosité était sans limites.
« Mais qui habite cette caverne ?

– Des femmes ! C'est là que sont fabriqués les enfants des hommes. C'est le Monde des femmes, de toutes les mères ! Elles sont entièrement habillées de blanc et tiennent compagnie à la déesse des Fleurs.
– Ah bon ! Et le Soleil, que fait-il quand il se rend dans le Monde des femmes ?
– Il s'y repose tous les soirs, dans une vaste maison de terre et de pierre située au cœur du Monde blanc, une maison immense où il est à l'abri. »
Cette fois Ulque s'attendait à une autre question : inévitable !
Elle ne tarda pas...
« Et au Nord ? Qu'y a-t-il au Nord ?
– Au Nord s'étend le pays des Neuf Plaines. Un désert glacé, noir et dangereux dont on ne revient jamais.
– Pourquoi ?
– Parce que là-haut vivent des démons féroces, les Mimixcoa, qui errent toute la nuit parmi les cactus à la recherche d'une proie ! Un grand vieillard aux cheveux blancs, le corps entièrement peint en noir, est leur chef. Vêtu de noir des pieds à la tête, il règne sur le pays des Neuf Plaines, là où les guerriers morts se retrouvent pour continuer leurs luttes.
– Comment sait-on qu'on approche du pays des Neuf Plaines ? demanda Xica, une pointe d'inquiétude dans la voix.
– Quand tu vois un grand aigle noir qui plane au-dessus de ta tête, tu t'en approches, c'est lui qui signale aux Mimixcoa tous les étrangers qui veulent pénétrer dans leur territoire. Alors il te faut rebrousser chemin car cet aigle indique la limite infranchissable des Neuf Plaines du Nord, du pays des Ténèbres. »
Cette fois Xica avait peur. Il se tut un instant, réfléchit et conclut :
« Alors en tout il existe quatre mondes ? »
Ulque aurait dû répondre vite à cette affirmation d'apparence logique. Pourtant il semblait embarrassé et il rectifia :
« Non, pas vraiment. Il en existe au moins cinq car... il y a aussi le Centre !

Au cours de cette fête rituelle, l'on sacrifiait de nombreuses victimes en guise d'offrandes au dieu.

La pierre du Soleil, symbole de la vénération du dieu du Soleil par la civilisation aztèque.

– Ah ! Et que trouve-t-on dans ce cinquième Monde ? »

Ulque l'ignorait. Il savait simplement qu'au centre de ce Centre se trouvait un arbre.

« Un arbre multicolore qui grandit sans cesse et sur lequel est toujours posé un oiseau géant.

– Et tu les as déjà vus ?

– Non ! Mais l'ancien des Anciens, lui, les a vus...

– Alors nous, sur notre petite pirogue, dans quel Monde sommes-nous exactement ? »

Un instant troublé, Ulque mâcha longuement une feuille d'arbre. Il harponna un dernier poisson, avant de répondre avec philosophie à son jeune frère :

« Je ne sais pas très bien ! Quelque part ailleurs, entre ces cinq Mondes... »

LES ASTRES DU CINQUIÈME MONDE

Il y a bien longtemps a existé un premier Monde, différent du nôtre, sur lequel régnait le sombre Tezcatlipoca, dieu du Nord, du Froid et de la Pluie. Un jour, souple et puissant, un immense jaguar bondit vers le ciel et avala le Soleil. Ce cataclysme était l'œuvre du dieu lui-même qui, après s'être transformé en jaguar, déclencha ainsi la fin du premier Monde.

Un deuxième Monde lui succéda, qui disparut à son tour sous l'action de sorciers aidés par le dieu Quetzalcoatl : tandis que les magiciens transformaient tous les hommes en singes, le dieu provoqua de violentes rafales de vent, qui courant d'Ouest en Est détruisirent tout sur leur passage. Une pluie de laves incandescentes venues du Sud mit fin au troisième Monde : cette fois le responsable en était Tlaloc, dieu de la Pluie, de la Foudre, des Éclairs et des Volcans.

De l'Est enfin survint un déluge, qui noya la Terre pendant 52 années et abattit le Ciel : la déesse des Eaux anéantit ainsi le quatrième Monde. Seuls un homme et une femme avaient réussi à trouver refuge au sommet d'un immense cyprès, mais le dieu Tlaloc finit par les découvrir et les transforma en chiens. Quand les eaux se furent retirées, il ne restait sur Terre plus une seule trace de vie humaine.

Il fallait pourtant créer un cinquième Monde, car telle est la loi de l'Univers. D'abord, Quetzalcoatl descendit au royaume souterrain : il parvint à ressusciter les morts et permit ainsi la naissance d'une nouvelle humanité. Ensuite, les dieux relevèrent le Ciel qui s'était écroulé, puis ils décidèrent de créer le Soleil et la Lune afin de dissiper les ténèbres qui enveloppaient la Terre.

« Lesquels d'entre nous accepteront d'éclairer le Monde ? se demandèrent-ils les uns aux autres après s'être réunis dans l'obscurité.

– Je m'en chargerai ! répondit Tecciztecatl, dieu d'une belle prestance richement vêtu.

– Qui encore ?

Le dieu Quetzalcoatl parvient à ressusciter les morts du royaume souterrain, afin qu'ils puissent donner naissance à une nouvelle humanité.

– Je le veux bien aussi ! » dit une voix timide.
Les dieux tournèrent alors leurs regards vers celui qui venait de parler : étonnés, ils découvrirent un petit dieu malingre et dont les vêtements trahissaient la pauvreté, Nanauatzin. Cependant ils acceptèrent avec soulagement, car devenir le Soleil ou la Lune représentait une épreuve redoutable.
Tandis que les dieux allumaient un grand feu, les deux volontaires entamèrent une période de pénitence, au terme de laquelle ils firent des offrandes, chacun selon ses richesses : Tecciztecatl donna des boucles d'or, des pierres précieuses et des plumes de grande valeur. Nanauatzin ne put offrir que des roseaux, des pelotes de foin et des épines auxquelles il se blessait les mains. Ensuite, tous deux furent revêtus d'ornements spéciaux : un habit de plume et de fine étoffe pour le premier, une toque et une blouse de papier pour le second. Enfin, ils montèrent chacun au sommet d'une pyramide édifiée par les dieux, d'où ils allaient devoir se précipiter dans le feu, car telle était la condition avant de renaître sous la forme du Soleil ou de la Lune.
À quatre reprises Tecciztecatl voulut se jeter dans le brasier, mais il recula chaque fois, saisi de peur. Alors Nanauatzin se lança sans hésiter dans le vide, disparut dans les flammes et devint aussitôt le Soleil.

Un Indien aztèque lors de la venue des Rois Catholiques d'Espagne.

Encouragé par cet exemple, son compagnon l'y suivit et devint à son tour la Lune.
« De quel côté les astres vont-ils se lever ? » se demandèrent alors les dieux. – À l'Ouest, disaient les uns. – Au Nord ou au Sud, pensaient les autres. Finalement le Soleil et la Lune donnèrent raison à ceux qui les attendaient à l'Est. Le Soleil apparut d'abord, si rouge et resplendissant que nul ne pouvait en soutenir la vue : c'est

Nanauatzin, le petit dieu timide et maladif. La Lune, c'est-à-dire Tecciztecatl, se montra presque simultanément, aussi brillante que le Soleil – ce qui provoqua le mécontentement de certains dieux. « Ils ne doivent pas éclairer le monde de la même façon ! » dit l'un d'entre eux. Il lança à la face de la Lune un lièvre qui en atténua l'éclat et y laissa les taches sombres que les hommes observent encore de nos jours. Tecciztecatl fut par la même occasion puni de sa couardise devant le brasier.
Peu après, les autres dieux s'aperçurent que les deux astres s'étaient immobilisés et refusaient de parcourir le ciel. Ils pensèrent alors qu'ils devaient aussi se jeter dans le feu.

C'est ainsi que les Aztèques imaginaient la naissance des astres du cinquième Monde : le nôtre…

Les dieux jugent que la lune et le soleil ne peuvent pas éclairer le monde de la même façon.

A

Adobe : brique en argile séchée au soleil.

Alluvions : ensemble de galets, de graviers, sables, boues et de limons transportés et déposés par un fleuve.

Alpaga (ou alpaca) : mammifère ruminant proche du lama dont la toison une fois filée donne de la laine fine et longue.

Altiplano : région de hauts plateaux des Andes comprise entre 3 500 et 4 000 m d'altitude. Le lac Titicaca se situe dans l'Altiplano.

Amérindiens : désigne les Indiens du continent américain et les différencie des Indiens des Indes.

Araire : charrue primitive dépourvue de roues.

B

Batée : récipient en forme de plat dans lequel on lave les terres et les sables pour les séparer de l'or.

Bête de somme : animal domestique qui porte des fardeaux.

C

Calebasse : courge séchée et vidée pour servir de récipient.

Calumet : pipe à long tuyau fumée par les Indiens d'Amérique du Nord.

Chaman : sorte de sorcier, faisant office de devin et guérisseur, dans de nombreuses civilisations d'Asie et d'Amérique.

Codex : livre composé de feuillets, en parchemin ou en papier, réunis en cahier et cousus les uns aux autres.

E

Échoppe : boutique.

Encorbellement (voûte en) : type de voûte édifiée sans mortier dont les pierres se chevauchent à la manière des tuiles d'un toit.

F

Foret à archet : sorte de chignole à main mise en rotation par le mouvement de va-et-vient d'un petit arc, l'archet.

G

Giboyeux : désigne un endroit où le gibier est abondant.

Guanaco : lama.

H

Héraut : personne chargée d'annoncer l'arrivée de quelqu'un ou la venue d'un événement.

I

Inhumer : enterrer.

Isthme : passage étroit permettant de relier deux terres qui sinon seraient séparées par la mer.

L

Lagune : étendue marécageuse proche de la mer.

M

Maguey / agave : plante originaire du Mexique dotée de grandes feuilles épineuses, allongées et charnues.

N

Nacre : substance blanchâtre aux reflets irisés qui tapisse l'intérieur de certains coquillages.

O

Obsidienne : roche volcanique vitreuse et noire.

Ocelot : petit félin des forêts d'Amérique centrale et du Sud.

Onyx : pierre translucide à la couleur variable.

P

Pectoral : ornement ou protection placé(e) sur la poitrine.

S

Sisal : variété d'agave du Mexique, dont les fibres servent à fabriquer un textile.

Sorgho : plante qui pousse dans les pays tropicaux.

T

Tipi (*tepee*) : habitation des Indiens de l'Ouest du continent nord-américain faite de peaux tendues sur une armature en bois.

Tonatiuh : dieu du Soleil chez les Aztèques.

Totora : sorte de roseau qui pousse aux abords du lac Titicaca.

Tumulus : colline artificielle en terre et en pierres, souvent élevée au-dessus d'une tombe.

V

Vigogne : mammifère proche du lama vivant dans les montagnes d'Amérique du Sud.

CRÉDITS ICONOGRAPHIQUES

Intérieur de couverture : cartographie, © François Lemaire ;
p. 49 : *les deux grandes divinités célestes*, © photothèque Hachette ;
p. 50 : *Tlaloc, dieu principal de la Pluie*, extrait de *Vie quotidienne des Aztèques* (p. 47) par J. Soustelle,1959, © photothèque Hachette ;
p. 51 : Michael Welpy, © Hachette Livre
p. 52 et p. 53 : *écorchement des hommes*, extrait de *Vie quotidienne des Aztèques* (p. 47) par J. Soustelle, 1959, © photothèque Hachette ;
p. 54 : *pierre du Soleil*, © photothèque Hachette ;
p. 55 : Marcel Laverdet, © Hachette Livre ;
p. 56 : *la venue des Rois Catholiques*, extrait de *Mundo Hispanico*, 1952, © photothèque Hachette ;
p. 57 : Marcel Laverdet, © Hachette Livre.

ISBN : 2-01291-995-2
Imprimé et relié en Italie par Editoriale Lloyd
Dépôt légal : 44348 – Octobre 2004 – Édition 01
EAN : 978-201291995-2
Loi n° 49-956 du 16 juillet 1949 sur les publications destinées à la jeunesse

À vos ciseaux !

**12 vignettes à découper
pour illustrer tes exposés...
ou simplement décorer tes cahiers !**

Première colonisation du continent américain (voir p. 6)

Les premiers Américains pratiquaient la pêche (voir p. 8)

La culture du maïs (voir p. 18)

Le jeu de pelote, « tlachtli » chez les Aztèques (voir p. 23)

Après le tournoi, le vaincu sera sacrifié (voir p. 25)

Le prêtre inca salue le lever du soleil (voir p. 29)

Un prêtre veille sur le vieux dieu du Feu (voir p. 31)

Un sacrifice pour le dieu du Soleil (voir p. 32)

Le costume aztèque (voir p. 37)

Le chef aztèque traverse Tenochtitlan (voir p. 38)

La fabrication d'un masque d'or (voir p. 45)

L'arrivée de Christophe Colomb (voir p. 46)

LA VIE PRIVÉE DES HOMMES

I. LA PRÉHISTOIRE

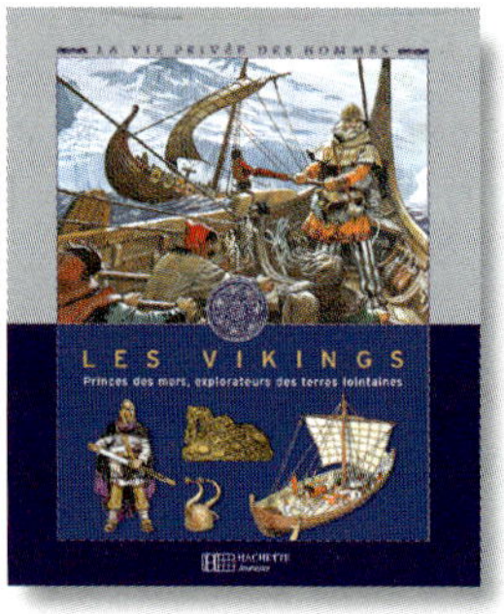

II. LES VIKINGS

III. LES ÉGYPTIENS

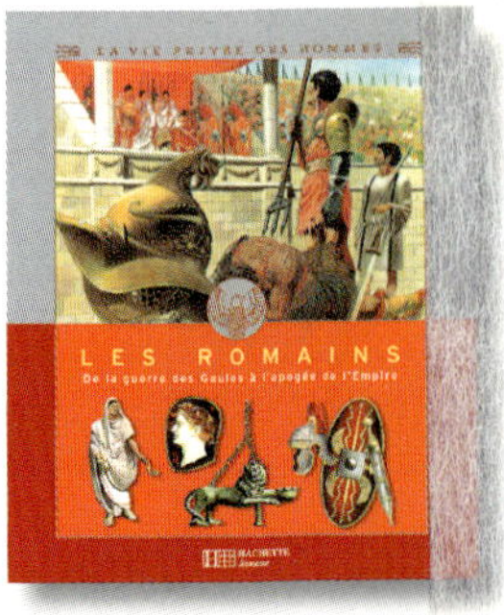

IV. LES ROMAINS

V. LA GRÈCE ANCIENNE

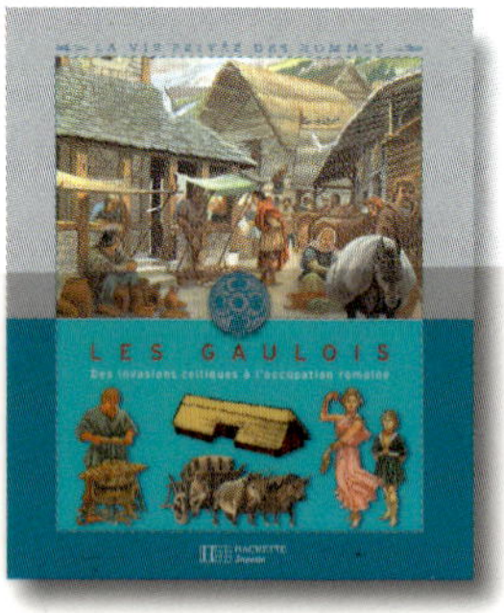

VI. LES GAULOIS

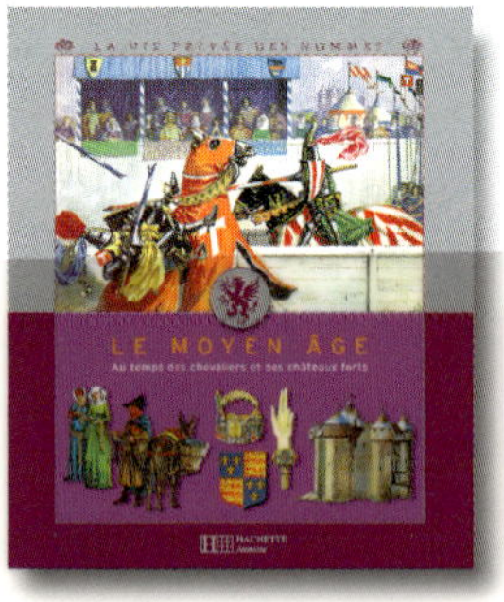

VII. LE MOYEN ÂGE

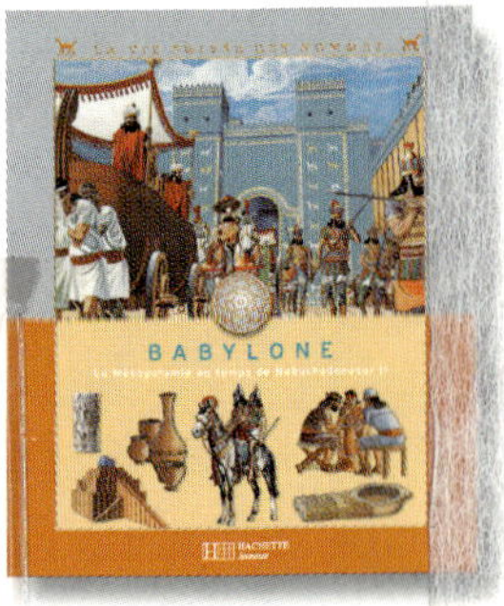

VIII. BABYLONE

IX. LES GRANDES DÉCOUVERTES

X. SOUS LE RÈGNE DE NAPOLÉON

XI. LA RÉVOLUTION FRANÇAISE

XII. LES DÉBUTS DE L'ISLAM

XIII. LA GRANDE GUERRE

XIV. LA SECONDE GUERRE MONDIALE

XV. LA CONQUÊTE DE L'OUEST

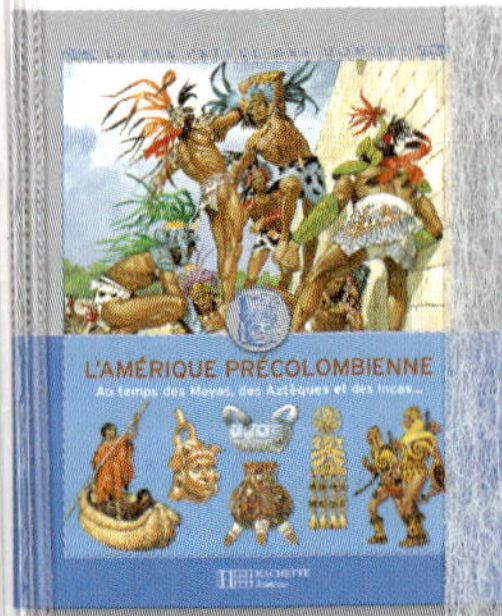

XVI. L'AMÉRIQUE PRÉCOLOMBIENNE

HACHETTE
Jeunesse